**PAIDEIA
ÉDUCATION**

LOUIS ARAGON

Le Paysan de Paris

Analyse littéraire

© Paideia éducation.

22 rue Gabrielle Josserand - 93500 Pantin.

ISBN 978-2-75930-097-6

Dépôt légal : Septembre 2023

Impression Books on Demand GmbH

In de Tarpen 42

22848 Norderstedt, Allemagne

SOMMAIRE

- Biographie de Louis Aragon.................................... 9

- Présentation du *Paysan de Paris*............................. 15

- Résumé du roman.. 19

- Les raisons du succès.. 31

- Les thèmes principaux.. 37

- Le mouvement littéraire.. 41

- Dans la même collection... 45

BIOGRAPHIE DE LOUIS ARAGON

Louis Aragon est né en octobre 1897 à Paris. Son père, fonctionnaire réputé, ne le reconnaît pas à sa naissance. Il manifeste très tôt un talent pour l'écriture. Etudiant en médecine, il rencontre André Breton en 1916. Les deux hommes se lient d'amitié. En 1918, ses premiers poèmes sont publiés. Cette même année, il part au front des Ardennes en tant que médecin auxiliaire. A la fin de la guerre, il est décoré de la Croix de Guerre pour son courage.

Après les horreurs de la guerre et au début des années 1920, Aragon désire s'engager. Avec André Breton, il se lie d'amitié avec Philippe Soupault et Tristan Tzara, regroupés au sein du mouvement dadaïste qui appelle une révolution complète de l'art poétique ; celle-ci passera par le rejet du lyrisme classique et hérité du passé, et par l'invention de nouvelles voies, notamment par l'exploration de l'écriture automatique. Après Rimbaud, Lautréamont et Apollinaire, Louis Aragon commence les expérimentations verbales. Aragon écrit *Les Aventures de Télémaque* en 1921 en utilisant l'écriture automatique. Avec le mouvement dada, pour la première fois la littérature fait l'objet d'une remise en question totale, sur ses héritages, ses moyens, ses buts... La réflexion aboutit à une redéfinition des genres et à un large débat d'idées.

L'amitié entre Aragon et Breton marque cette époque et son histoire littéraire, en étant à l'origine du mouvement surréaliste. En 1926, au cœur de ce débat, Aragon publie *Le Paysan de Paris*. Mais passé un certain temps, les deux amis se divisent sur des questions idéologiques. L'année suivante, en 1927, Aragon adhère au parti communiste, Breton s'y refuse.

En 1928, il rencontre Elsa Triolet, femme écrivain d'origine russe, qui deviendra son épouse et l'amour de sa vie et lui inspirera de nombreux poèmes dans lesquels il la sacralise. Celle-ci devient une des grandes figures féminines de l'histoire littéraire française.

Aragon devient par ailleurs journaliste à *L'Humanité* et devient le chef de file des intellectuels communistes français. A la suite de Voltaire, Rousseau ou Victor Hugo, Aragon va pouvoir rejoindre la liste des écrivains engagés. Mais au XXe siècle, le communisme a cette particularité de s'éprouver : l'idéologie communiste conditionne l'histoire des pays et des peuples. Aragon rompt définitivement avec les surréalistes et avec André Breton en 1932. De retour d'URSS en 1931, il publie *Front rouge*, poème militant et provocateur dont il dira bien plus tard, dans les années 1970 : « Ce poème que je déteste. »

En 1933, il est secrétaire de rédaction de la revue *Commune* avec Paul Nizan. Cette association se fixe pour but de rassembler le plus largement possible le monde de la culture dans la lutte contre le fascisme et le nazisme.

Le tournant politique de 1934, la politique d'alliance, le front populaire, la défense de la culture française lui permettent d'accéder à des responsabilités où il s'épanouit.

Parallèlement à son engagement au sein du PCF, Aragon se consacre à l'écriture de romans en revenant à un style plus classique, orientés vers la critique sociale : *Les Cloches de Bâle* (1934), *Les Beaux Quartiers* (1936) ou encore *Les Voyageurs de l'Impériale* (1942) en témoignent. En 1937, il fonde le journal *Ce soir* à la demande du parti communiste. En 1939, il épouse Elsa Triolet. Pendant la Seconde Guerre mondiale, il retrouve la médecine militaire, de 1939 à 1940, puis entre dans la Résistance. Il crée avec Elsa Triolet le Comité National des Ecrivains pour la Zone Sud et le journal *La Drôme en Armes*. Durant cette période, il publie également des poèmes dédiés à Elsa. Il publie *Le Crève-cœur* en 1941,

Les Yeux d'Elsa en 1942, et écrit des poèmes plus engagés dans les recueils *Le Musée Grévin* paru en 1943 et dans *La Rose et le Réséda* paru en 1944.

Après la guerre, Aragon partage son temps entre l'écriture et son militantisme au sein du PCF. Il devient président-directeur général des Editeurs français réunis, maison d'édition proche des communistes. Il prône dans ses romans l'avènement du communisme, avec *Aurélien* (1944), *Les Communistes* (1949-51) ou encore *La Semaine sainte* (1958). Son œuvre romanesque épouse les contours de la production de son siècle : roman surréaliste, réaliste, puis nouveau roman. Son désir de roman ne s'est jamais démenti, malgré la méfiance de ses amis surréalistes (pour qui écrire une phrase romanesque était la négation même de leur idéal littéraire), puis celle des communistes qui auraient voulu le voir exalter davantage le Parti, sans parler de celle des critiques (notamment de droite) qui voyaient en lui le communiste avant de voir l'écrivain, chose qui le vexait.

Aragon est élu au Comité central du Parti à la demande de Maurice Thorez. Il ne devient critique à l'égard de l'URSS qu'à la mort de Staline, lorsque Khrouchtchev révèle les crimes du stalinisme. Il prend alors conscience des répressions et du totalitarisme du bloc soviétique. Il restera toutefois fidèle au PCF jusqu'à sa mort.

En 1970, Elsa Triolet meurt. Il affiche alors des préférences homosexuelles que Drieu La Rochelle avait déjà annoncées dans les années 1930 dans *Gilles*. Poète majeur de la deuxième partie du XXe siècle, il paie fort cher un engagement politique qui masque mal son influence et sa place primordiale dans la littérature française contemporaine. Louis Aragon meurt le 24 décembre 1982 à Paris. Il est enterré dans le parc du Moulin de Villeneuve, aux côtés d'Elsa.

PRÉSENTATION DU PAYSAN DE PARIS

L'histoire littéraire place *Le Paysan de Paris* dans un contexte romanesque, après la publication d'*Anicet ou le panorama, roman* et des *Aventures de Télémaque*. Aragon semble avoir une propension à l'écriture romanesque. Mais *Le Paysan de Paris* est classé parmi ses œuvres poétiques.

L'œuvre pose donc d'emblée la question du genre. C'est une œuvre poétique en apparence, avec une structure double. L'œuvre s'ouvre sur une préface intitulée « *Le Songe du Paysan* », puis se succèdent deux parties : « *Le Passage de l'Opéra* », dont les scènes se déroulent dans un espace clos, la nuit, et « *Le Sentiment de la nature aux Buttes Chaumont* » qui se passe le jour dans un lieu ouvert. Ce sont des repères qui organisent l'œuvre. Le texte d'Aragon est le premier essai, la première tentative de ce que prétendait exposer théoriquement cette Préface.

Ce livre qui fait partie des classiques a été écrit entre 1924 et 1925. Il s'agit d'une promenade dans Paris, dans le passage de l'Opéra où l'auteur décrit notamment les boutiques et échoppes, les hôtels et personnes qu'il y rencontre. Il raconte avec poésie la vie grouillante de ce lieu et d'une époque. Il est né d'un sentiment inédit du paysage parisien. Comme un paysan ouvrant à tout de grands yeux, l'auteur nous apprend à voir d'un regard neuf les passages, les boutiques des coiffeurs, les bains, les immeubles, les affiches, les extraits de journaux.

Le lecteur est plongé dans un monde clos, mystérieux, où il se passe des choses louches. Difficile pour un promeneur de se repérer entre les escaliers, les dédales de couloirs menant aux grands boulevards et les nombreuses boutiques.

Louis Aragon s'inquiète de l'avenir de ces galeries qui regorgent de secrets, lieu de prédilection de ses amis surréalistes, au vu des avancées des travaux d'Haussmann. Le manifeste de défense de ce lieu devient le prétexte d'une véritable description en règle, mais des plus fantaisistes, du passage. Il nous plonge dans une époque désormais révolue.

Le texte comprend très peu de dialogues, mais des phrases très longues et de nombreuses images. Dans un style vivant, il redonne vie et couleur à ces lieux. Le texte lui-même, dans sa typographie, est parcouru de reproductions d'affiches, de pancartes et de coupures de presse de l'époque, sur le modèle du collage dadaïste. On y découvre aussi une chanson et une fable.

Dans la seconde partie qui se déroule aux Buttes Chaumont, le narrateur décrit la nature dans laquelle l'homme s'est immiscé, ou plutôt il décrit cet artifice de la nature qu'est le parc, recréé par l'homme à l'image de la nature, d'une nature. Sorte de retour sur soi, « *Le Sentiment de la nature aux Buttes Chaumont* » permet au paysan de Paris de retrouver du sacré au cœur de la modernité.

RÉSUMÉ DU ROMAN

Deux morceaux célèbres du livre, « Le Passage de l'Opéra » et « Le Sentiment de la nature aux Buttes-Chaumont » donnent l'éveil à « la lumière moderne de l'insolite ». Deux autres textes essentiels du *Paysan de Paris* : « Préface à une mythologie moderne » et « Le Songe du paysan », en sont à la fois l'introduction et la conclusion, le point de départ et le point d'arrivée d'une pensée prise dans sa variation.

Partie I : « Préface à une mythologie moderne »

Dans cette première partie qui fait office de préface, le narrateur fait le constat que toutes les idées abstraites ont été épuisées par l'homme contemporain. L'incipit affirme l'objectif du narrateur : celui d'établir une mythologie moderne en recherchant le sens mythique de la réalité de nos jours, à partir des lieux sacrés modernes, c'est-à-dire de l'équivalent moderne des lieux sacrés. Le propos commence par un constat sur les croyances religieuses anciennes. Pensant, se souvenant, évoquant ses expériences de jeunesse, le « je », sensible, informe et réforme la réflexion générale philosophique. Le narrateur propose d'ancrer cette philosophie nouvelle dans un sentiment personnel, notamment par la connaissance amoureuse : « Au lieu de vous occuper de la conduite des hommes, regardez plutôt passer les femmes. Ce sont de grands morceaux de lueurs, des éclats qui ne sont point encore dépouillés de leurs fourrures, des mystères brillants et mobiles. » Il est fait référence au temple de Jérusalem détruit par Titus. La vie mystérieuse des hommes s'oppose au bestiaire, les hauteurs s'opposent à la religion profonde. Le narrateur affirme : « Des mythes nouveaux naissent sous chacun de nos pas. Là où l'homme a vécu commence la légende, là où il vit. »

Dans cette préface, le narrateur expose les ambitions du récit qui va suivre. Cette préface est donc un exposé théorique en même temps qu'un travail sur le langage : Aragon déplace l'intérêt du lecteur sur l'aspect poétique de son œuvre. Et le lieu envahit la réflexion par la métaphore. Il détourne entièrement au profit de la poésie, la force mystique historiquement liée avec les religions. Cette préface a la position de la question et l'ébauche de la méthode, comme l'explique l'auteur lui-même dans sa « *Critique du Paysan de Paris* », parue en 1930.

Partie II : « Le Passage de l'Opéra »

« On n'adore plus aujourd'hui les dieux sur les hauteurs. » Il va donc falloir descendre dans le passage pour saisir les traces du sacré dans la modernité.

« *Le Passage de l'Opéra* » se présente comme un essai de connaissance concrète. Il est la mise en œuvre de la méthode décrite dans la Préface. Dans cette partie se succèdent les visions et les rencontres au détour des galeries.

Le début de cette visite des passages est générique : le narrateur situe les passages dans une époque. Il explique que cette promenade lyrique va emmener le lecteur dans un quartier de Paris condamné à la démolition. Le narrateur précise qu'il ne s'agira pas ici d'un inventaire ou d'un guide des curiosités parisiennes. Et que quel que soit le souci de précision, le souci du détail vrai qui conduit l'auteur à insérer, selon la technique du collage, des fragments de journaux, des annonces, des réclames et enseignes, des inscriptions, tels quels dans son livre, il s'agit bien davantage d'une aventure de l'esprit, où s'exalte la puissance de l'imagination.

Toutes ces visions énigmatiques sont un prétexte à la rêverie surréaliste.

Puis le narrateur situe le passage et décrit le plan d'ensemble, entre la rue Chauchat et le boulevard des Italiens ; il décrit le dédale de couloirs, de portes, d'hôtels et autres maisons de passe. Il s'attarde en particulier sur la description des chambres à l'étage de l'hôtel de Monte-Carlo et convoque ici des souvenirs personnels. Il évoque ses nuits passées dans des hôtels de passe et n'oublie pas de mentionner les célébrités qu'il fréquente à l'époque, Picabia et Paul Valéry. Il décrit également la hiérarchie du petit personnel, en passant par les logeuses qui se tiennent à l'entrée des lieux et la loge du concierge.

Puis arrive la description de la vitrine du marchand de cannes : celle-ci donne lieu au récit fantastique d'une expérience singulière. Un « je » qui raconte une expérience : il aperçoit des sirènes. S'agit-il de sirènes, ces êtres fantastiques, se promenant entre les cannes de la vitrine ? Ou bien s'agit-il des jeux de lumières du boulevard dans le passage ? La perception de la réalité est double : le phénomène a une double lecture possible, surnaturelle (les sirènes) ou réaliste (les lumières). Le fantastique n'est pas le merveilleux : ici une inquiétante beauté est à l'œuvre. Toutefois le vocabulaire est scientifique : au moins peut-on ainsi garder une distance par rapport au récit fantastique. L'étrangeté même des mots produit un phénomène d'étrangeté imbriqué, et l'intelligibilité sature le texte. Et parfois, l'on observe une transformation subite du réel sous l'emprise du désir (Aragon montre qu'ainsi il s'agit d'effets de texte avant tout).

Le narrateur passe ensuite devant la vitrine du Petit Grillon, un café mitoyen à la boutique de cannes. Il fait alors le récit historique de ce café, son combat avec la société L'Immobilière qui voudrait l'exproprier afin de faire progresser les Galeries Lafayette. On découvre que l'histoire de ces petites boutiques qui animent le Passage de l'Opéra, sont en lutte contre les grandes sociétés. Dans cette partie, nombreux sont les souvenirs en rapport avec les écrivains naturalistes (Zola en particulier), pour leur rapport à la réalité et leur engagement dans la défense des petits contre les puissants.

Puis quelques pages sont consacrées aux héroïnes mystérieuses qui habitent ces lieux de passage : les femmes « qui passent » (les prostituées). Le regard porté sur les prostituées est un jugement esthétique. Pour saisir les différences entre ces femmes, il faut un regard d'esthète. La femme oscille entre des images variables : kitsch ou cosmique, variable ou permanente. La connaissance de ces femmes est fondée sur l'expérience, la pratique. L'alternance entre le haut et le bas renvoie là encore à l'érotisme et à l'oscillation entre satisfaction et frustration. Derrière ces femmes il y a tout un monde où le narrateur envisage de se perdre. Ce que révèle le texte, c'est la perdition qu'implique l'érotisme. Seules les prostituées peuvent le révéler. Le rapport à la femme, c'est le rapport à la connaissance. Dans la quête de voix du narrateur, il faut remarquer le passage du « on » (indistinct) au « je » (une conscience) qui est assuré par la médiation de « elles » : la rencontre de la femme parachève la connaissance du monde par le sujet. Elle permet d'unir l'universel et le particulier. La connaissance demeure dans les sens. La sensualité de la femme en est la trace. C'est d'ailleurs par les jeux de séduction que l'homme et la femme peuvent se connaître.

Le narrateur décrit ensuite les salons de coiffure et les bains. La sensualité est très forte dans ces lieux destinés au corps.

Vient ensuite le « Discours de l'imagination » : « Il y a pour chaque homme une image à trouver qui anéantit tout l'Univers » affirme le narrateur. Au sein du surréalisme naissant, Aragon manifeste l'importance de défendre l'individu contre la réalité. Aragon veut faire surgir en chacun le pouvoir de son imagination : le lecteur est appelé par l'auteur à prendre part à la révolution surréaliste. Et il va jusqu'à affirmer : « Ton imagination, mon cher, vaut mieux que tu ne l'imagines. »

Le narrateur passe ensuite devant le café Certa dont il dit qu'il aime se retrouver avec son ami André Breton. Il décrit la carte du café, mais évoque aussi le contexte intellectuel de l'époque ; le café est en effet le lieu où est né le mouvement dada.

Puis il évoque la diversité des commerces : sa rencontre avec la marchande de mouchoirs, son étonnement devant le matériel obsolète du coiffeur pour hommes, chez Gélys-Gaubert qui vend aussi du parfum, il s'étonne de voir un restaurant italien à côté d'une armurerie et d'un fournisseur de champagne, et un peu plus loin un salon de massage. A force d'errances, le narrateur atterrit de nouveau dans un bordel où il fait la rencontre d'une femme vêtue uniquement de bas. La fin de la visite s'accompagne d'une crise pour le héros : « Une grande crise naît, un trouble immense qui va se précisant. Le beau, le bien, le juste, le vrai, le réel... bien d'autres mots abstraits dans ce même instant font faillite. »

Le Paysan de Paris est l'homme qui, se promenant à travers Paris, ouvre à tout de grands yeux, sans cesse redécouvre la ville, la voit d'un regard neuf, façon dont il voit aussi la vie. Est posée la question de la réalité, entre imagination des sens et imagination de la raison. La réalité est donnée au lecteur par le biais d'images nombreuses.

Partie III : « Le Sentiment de la nature aux Buttes Chaumont »

Cette seconde partie est divisée en chapitres de longueurs variables. Le paysan de Paris y opère un retour sur soi. Il permet un retour aux sources : le paysan bat de nouveau la campagne en allant aux Buttes Chaumont, autre labyrinthe où se perdre, et où se trouver peut-être.

Chapitre 1

Une fois sorti du passage se pose la question du rapport au monde extérieur. Dans cette sortie que constitue la seconde partie, l'auteur tente de généraliser les conclusions tirées de la première partie du livre. Quelle est l'attitude de l'homme vis-à-vis de la nature ? Nous basculons du concret à l'abstrait et de l'abstrait au concret. Il faut savoir regarder le monde dans la mythologie moderne : elle est soumise au temps elle aussi.

Chapitre 2

Le tragique marque l'homme, du temps des calvaires au temps des pompes à essence. Heureusement, l'humour ménage un voile devant le désespoir. Le surgissement des images redonne ainsi confiance. La saisie du monde par le « je » redonne confiance au « je ». La parole n'est pas le simple traducteur des états d'âme ; elle est aussi le vecteur par lequel va s'exprimer l'inconscient ; Aragon apporte ici une vraie réflexion sur le langage. L'inconscient, foyer de jaillissement des images, permet de retrouver le chemin. Il fait le constat que les possibilités du langage sont infinies et qu'un même terme pouvant désigner plusieurs choses, il faut résolument faire confiance au langage. La pluralité des significations est en soi un moyen de dire le monde.

Chapitre 3

Les Buttes Chaumont sont une nature aménagée par

l'homme. On trouve depuis peu des jardins en ville : on réintroduit de la nature dans un milieu cultivé, urbanisé. L'homme et ses œuvres sont une partie intégrante de la nature dans le monde moderne. Une pluralité de jardins va jaillir des mots eux-mêmes, puis les jardins deviennent des femmes. Une métamorphose a lieu, car le jardin est aussi le lieu des désirs, même dans les représentations mystiques.

Chapitre 4

De ses errances dans le parc, le narrateur tire un « sentiment de la nature ». Il tente de décrire ses impressions, de les préciser par la rêverie. Il pose la question : « Y a-t-il des mythes naturels modernes ? »

Chapitre 5

Petit à petit un « tu » apparaît : se dessine alors l'image surréaliste d'une femme cosmique qui irradie le monde. « Femme, tu prends pourtant la place de toute forme. » La petitesse de l'homme face à la femme est un thème qui revient souvent : la femme fait de l'homme un enfant. De même que le passage est un labyrinthe, de même que les rencontres amoureuses sont labyrinthiques, de même la phrase se fait parcours, du plan d'ensemble aux détails. Même si un « tu » existe, il n'est qu'une faible consolation face à l'expression lyrique du désespoir. Le désespoir, la tentation de la mort doivent se dire pour s'exorciser.

Chapitre 6

Le narrateur évoque une de ses virées nocturnes en 1924,

accompagné d'André Breton et de Marcel Noll, qui les mena jusqu'aux Buttes Chaumont.

Chapitre 7

Le narrateur fait une description minutieusement géographique du parc. Ce chapitre marque une insistance particulière à montrer l'aspect artificiel de cette nature recréée par l'homme.

Chapitre 8

Ce chapitre est une évocation de la nuit comme moment privilégié de connaissance pour les promeneurs.

Chapitres 9 à 11

Le narrateur revient au récit de son errance avec Marcel Noll. Il cède la parole à son ami qui s'étonne du désir que l'on peut ressentir et qui nous renvoie alors à l'essence du monde. Il poursuit le récit de promenade amicale et « somnambulique », et crée des parallèles entre les jeunes artistes modernes qu'ils sont, et les fameux poètes La Bruyère et Horace.

Chapitre 12

Ce chapitre intitulé « Le Discours de la statue » donne la parole à un monument qui a vu l'histoire défiler sous ses yeux de bronze. Elle regrette l'immobilisme humain.

Chapitre 13

Ce chapitre est un collage d'enseignes, de panneaux. Le narrateur se compare à un Champollion moderne.

Chapitre 14

Le narrateur affirme l'impossibilité du réalisme. Il constate que la femme prend la place de toute forme, qu'elle est partout : dans le feu, le fort, le faible, les flots... Mais face à elle, le « je » n'est pas une figure stable : il est cow-boy, militaire, gamin, chef de bande, maître qui impose la discipline et en même temps voyou.

Chapitre 15

Le narrateur rédige son manifeste pour instaurer la « religion de l'amour » qui est la seule apte à sauver le « je », et l'homme.

Chapitre 16

Le narrateur laisse, semble-t-il, Aragon ressurgir et faire le procès du lecteur bourgeois qui porte une montre, une femme et un veston. Il faut s'écarter d'une lecture passive pour découvrir un rapport plus sadomasochiste à la lecture.

Chapitre 17

Ce chapitre est une lettre adressée à Philippe Soupault : il règle ses derniers comptes avec le mouvement dada et impose sa méthode. Les lecteurs sont menacés d'abandon : « Je ne finirai pas le livre ». Aragon s'engage pour que disparaisse la figure de l'auteur, qui va à l'avenir devoir s'engager pour devenir une figure publique, et d'utilité publique. Puisque dire le moi c'est dire le monde, chacun est capable de dire « je ».

Chapitre 18

Le narrateur referme son « extraordinaire panorama romanesque » et rompt définitivement avec la littérature qui l'a précédé : « Je ne vous accompagnerai plus dans les Barbizons du plaisir. »

Partie IV : « Le Songe du paysan »

Cette vision referme l'ouvrage. Aragon considère que cette conclusion est la partie capitale de son œuvre. Il y nie l'idée de Dieu : la religion ne semble pas répondre aux questions du XXe siècle. Ici se radicalise le message véhiculé par l'auteur : c'est au lecteur de poursuivre sa réflexion, sa démarche philosophique et de ne pas s'arrêter à cette étape de la lecture. Nous sommes passés de la contestation à une découverte essentielle : passer du regard du narrateur au regard de l'autre sur le narrateur. La connaissance métaphysique ou connaissance du concret se révèle dans la connaissance poétique. L'image en est la méthode et son expression. Elle seule permet l'ouverture à la connaissance métaphysique.

LES RAISONS
DU SUCCÈS

L'œuvre est au carrefour d'influences diverses. La tentative de l'auteur est de se saisir soi dans les différents miroirs que les autres auteurs lui tendent. La fragmentation du texte renvoie à la fragmentation du « je ». Nous ne sommes pas loin de Rimbaud.

Il y a aussi une grande part d'humour. Le texte s'amuse, joue avec son lecteur sur la polysémie, il parodie des souvenirs littéraires et procède à de brutaux retours à la réalité. Tout au long de cette œuvre, le narrateur recherche sa voix entre l'expression du « je » et l'expression littéraire, piège du « je ». C'est pourquoi cette écriture procède par collages : « Le fait de plaquer dans ce que j'écris ce qu'un autre écrivit ou tout autre texte de la vie courante » fait référence au cubisme et aux héritages très pesants de la littérature. Les collages surréalistes travaillent sur le sens et le jeu autour des nombreux sens possibles. Il y a 21 collages visuels dans *Le Paysan de Paris* dont 19 dans « Le Passage de l'Opéra ». Ils sont de différentes sortes : articles de journaux, publicités, panonceaux du passage qui annoncent les directions possibles, jeux typographiques. Les collages se font à partir du matériau texte, comme pour préciser que ce qui est mis en question, ici, c'est la littérarité.

On retrouve le mythe du labyrinthe, de la sphinge. Il y a des effets de mise en texte pour déplacer l'attention de la vue à l'écriture. Cela passe par la fragmentation du réel (le réalisme s'est épuisé à vouloir reproduire le monde), par un effet de discontinuité du texte (d'un genre, d'un registre à un autre), par des effets de citation (collages textuels). Le « je » outrepasse le je biographique : c'est une voix sans corps à l'écoute des mystères de la nature, s'éprouvant. Une sorte de quatrième personne qui n'est ni le « je » biographique, ni le « tu » du dialogue, ni le « il » de la narration. Nous découvrons au fil des pages un personnage contradictoire, inclassable, à la croisée des chemins et des formes entre poème, roman, théâtre... Le narrateur se cherche en miroir dans l'exploration en sous-marin de toutes ces formes. C'est au fond un narrateur pleinement lyrique. Un moi dépossédé de lui-même, porte-voix et passage.

Le texte n'est-il pas lui-même un passage, traversé de mots étranges ? Aragon ne peut que passer d'image en image. Il révèle un sujet lyrique errant, en quête de lui-même. Le titre de la première partie du livre, « Le Passage de l'Opéra », fait référence à un lieu réel, celui des galeries donnant sur les boulevards parisiens ; toutefois il joue sur d'autres significations : l'endroit où l'on voit passer un opéra, par exemple. A l'époque où Aragon écrit, le Passage de l'Opéra appartient déjà au passé. Les passages sont déjà en cours de destruction. Il nous renvoie ainsi à la fugacité de l'instant présent. Les surréalistes aiment remotiver des expressions toutes faites : par delà le jeu, il y a un emploi du verbe « passer » qui renvoie au titre. C'est une déambulation mais aussi une transformation. La matière du texte doit recueillir le passage des passages. Les morceaux d'un texte sont aussi appelés les passages. Avant que le passage ne soit décrit, il y a un travail sur la langue qui assure la métaphore.

Mais le passage est aussi le lieu des amours passagères, des liaisons, des passades : c'est un lieu d'érotisme par excellence, toujours malheureusement lié à l'idée d'une dégradation. Entre érotisme et commerce du sexe, s'opère une sorte de descente vers la vulgarité. Mais en même temps, l'auteur recrée une mythologie moderne dans ces espace d'entre deux et entre le divin et l'érotique, le passage est assuré.

Il y a aussi des zones mal éclairées dans ces passages. Le clair-obscur est propice aux apparitions surnaturelles et permet d'accéder au royaume de l'ombre, à l'inconnu, à l'inconscient... Le passage est la métaphore de l'esprit, entre conscience et inconscient. Ou bien du chemin à suivre pour chercher. Sujet de prédilection des dadaïstes, l'exploration de l'inconscient s'annonce ici optimale.

Tout est dérobé, clandestin dans ce passage. Il est le royaume des professions maudites et des commerces oubliés liés aux besoins de ceux qui ne font que passer (librairies, marchands de cannes, marchandes de mouchoirs, cireurs, salons de coiffure, armureries, restaurants, cafés, hôtels de passe et établissements de bains), il est aussi sur le point d'être détruit. Aragon donne à ces lieux une forme d'éternité. C'est le lieu de l'éphémère par excellence, par ce qu'il est et parce qu'il est voué à disparaître.

Apparaît alors une sorte de mythologie moderne, avec sphinx et temple d'Ephèse : car au fond, c'est la modernité qui opère ce bouleversement, cette nouvelle mythologie, c'est aussi elle qui menace de destruction ces lieux. La vision du voyageur devient poétique car elle s'inscrit dans les mots qui convoquent par allusion des références culturelles et mythologiques, des associations de mots qui transforment un événement en une écriture. Le présent, le futur et le passé semblent tous les trois lettre morte mais Aragon parvient à étirer ce temps de l'éphémère par sa prose poétique. La mythologie moderne dont Aragon tente de définir les contours passe par une plongée dans les passages et tout cela passe par des mots. Le passage devient un passage dans Paris avec les mots ; la divinité est devenue poétique.

Aragon invente un nouvel art de la flânerie. Paris devient un paysage de vie pure et le passage un de ses territoires d'élection. La physiologie du lieu est indéniable dans ce roman.

Aragon dénonce dans *Le Paysan de Paris* l'idée d'une prétendue limitation de l'esprit. Il vide la mythologie de son contenu religieux pour retrouver un mouvement qui pousse vers le réel. L'aboutissement de cette mythologie se trouve dans l'expérience poétique ou amoureuse. L'image est la voie de toute connaissance parce qu'elle part d'une expérience sensible du réel. La poésie opère cette synthèse.

La revendication de l'imagination sert à faire surgir un monde, d'où le caractère expérimental de l'œuvre elle-même. La rénovation du roman importe, par le « stupéfiant image ». Mais les images ne doivent pas constituer un discours qui fige ; une distance doit être prise. La réalité est le support du rêve car elle s'insère dans un espace littéraire. Les éléments de réalité suscitent un autre monde. Il faut donc de la patience pour décrypter le réel.

LES THÈMES PRINCIPAUX

Le thème principal est celui de l'approche de la modernité par le sujet surréaliste que devient Louis Aragon avec cette œuvre. Tous les moyens surréalistes sont mis en œuvre : le collage, le « stupéfiant image », l'incohérence, les collages, l'intertextualité, le vers libre, la polyphonie... L'érotisme est aussi très présent, dans la description des objets, des lieux notamment, qu'ils soient urbains ou naturels. Mais de la description de la nature s'échappe un sentiment de fausseté : c'est toute l'artificialité du monde moderne que dénonce l'auteur, en quête de sens métaphysique.

Il y a un rapport étroit à la beauté, à la création (qu'elle soit satisfaction ou au contraire frustration devant l'impossibilité de créer) et à la mort. Ce que révèle le texte, c'est la perdition qu'impliquent l'érotisme et la création, toute attitude ayant un lien avec la figure de l'esthète. Au niveau de la narration, le récit surréaliste devient lui-même labyrinthique : il faut se perdre pour trouver l'introuvable. L'auteur prend le risque de perdre son lecteur au fil des récits secondaires et des collages de documents visuels qui viennent interrompre la lecture. Une nouvelle écriture est en marche : un auteur surgit par et à travers cette œuvre.

L'amour donne accès à la connaissance métaphysique concrètement, de même que l'inconscient au merveilleux. La connaissance par l'amour n'est bien sûr pas disjointe de la poésie. On peut voir dans l'œuvre une autobiographie transcendée. La quête du sens se fait dans l'amour. L'amour révèle du sens ; il permet la conjonction de l'un à l'autre, qui est toujours l'autre de l'autre. Par jeu de contraires, le sujet se découvre dans l'autre.

Le Paysan de Paris se veut un manifeste ; le paysan erre plus qu'il ne se promène, recherchant moins l'éphémère que l'absolu dans ces lieux de perdition et de déambulation que sont le Passage de l'Opéra et les Buttes. Son errance n'est pas tant géographique que spirituelle et métaphysique, au cœur du monde moderne. Aragon se situe à la frontière de deux mondes : celui du passé, du mouvement dada, de la guerre, et celui du surréalisme, de l'engagement, de la connaissance à venir du monde. Avec une invitation pour le lecteur, à s'engager lui aussi dans cette quête métaphysique de connaissance de soi, à l'époque moderne.

LE MOUVEMENT LITTÉRAIRE

« C'est le roman de ce que je fus en ce temps là. » *Le Paysan de Paris* est un itinéraire spirituel pour Louis Aragon ; une philosophie se dégage de l'ouvrage, qui coïncide avec la sortie du mouvement dada et l'entrée dans le mouvement surréaliste. *Le Paysan de Paris* est un passage pour Aragon, qui quitte le mouvement dada.

Aragon s'en prend au rationalisme face à l'instabilité du sujet qu'il constate. Il se fonde sur l'expérience sensible mais celle-ci doit être dynamisée par le désir. Par la poésie, par la beauté des images mais aussi par l'érotisme, le sujet peut accéder à la connaissance métaphysique. Aragon souhaite sortir du dadaïsme pour remettre de l'ordre dans sa pensée, par la toute puissance des images. Aragon remet en question jusqu'à l'écriture automatique qui, si elle devient une technique, finit par briser le désir de l'homme. Le surréalisme, c'est la poésie du saugrenu. Et c'est en rencontrant des choses banales que le surréaliste a accès au surréel. Par son imagination qui crée de nouveaux mythes, Aragon résout l'opposition entre abstrait et concret. C'est une mythologie moderne qu'il peut convoquer et actualiser. D'ailleurs, on peut trouver de la poésie dans la pensée philosophique. Mais selon Aragon, la philosophie est dépassée par la poésie.

Le Paysan de Paris fait jaillir plusieurs possibilités narratives, descriptives, avec l'emploi de la fantaisie comme métaphore filée. Aragon met en œuvre un anti art poétique. Il enfreint une fondamentale posée par Horace dans son *Art poétique* : l'exigence de cohérence dans la disposition. L'incohérence de la disposition peut avoir quelque chose de fascinant. Rejoignant Lautréamont dans son bric à brac littéraire, Aragon met en scène des trouvailles qui ne seraient pas envisageables dans le discours classique. Il doit inventer sa propre forme : « Ce brusque exercice de style où j'étais un beau jour comme à la recherche d'un nouveau langage qui devint *Le*

Paysan de Paris. »

Le Paysan de Paris est écrit après sa sortie du mouvement dada. Aragon accomplit sa révolution surréaliste et sa sortie du dadaïsme. Les moyens sont la destruction et le collage (juxtaposition de textes et collages littéraires). Le paysan, c'est le provincial des images, qui apprend à devenir un vrai parisien, c'est-à-dire à quitter le dadaïsme qui est révolu.

Le texte est une sorte d'accordéon de papier : un instrument populaire (le roman), qui se veut poème sonore contre un langage dévasté par le journalisme. La logique auto destructrice dada fatigue les surréalistes. Ils perçoivent le mouvement comme une impasse.

Aragon affirme le pouvoir des mots : le sens se construit dans les mots, pas dans la signification. Cette anti philosophie de l'esprit moderne est née de la fin de la Première Guerre mondiale. Le dadaïsme, c'est la contestation de la raison, dans le refus de l'unité de la logique traditionnelle. Les cannes sont les symboles de cette humanité brisée issue de la guerre. L'humanité est hybride, mécanisée. La guerre est un gâchis et *Le Paysan de Paris* en porte la trace. Dada est né dans un café, lieu de passage. 1921 est la grande saison dada. Puis se produit la révolution surréaliste. Mais en 1926, le dadaïste Aragon a vaincu le dadaïsme qui est en lui : avec *Le Paysan de Paris*, Aragon affirme qu'être dada c'est sortir du dadaïsme.

Il y a aussi quelque chose de proustien dans l'écriture d'Aragon : quelque chose de fondateur assure une cohérence entre soi et le monde. L'auteur convoque aussi, bien sûr, Lautréamont et Nerval. L'intertextualité offre autant de miroirs dans lesquels Aragon se regarde et se repère ou du moins, essaie de se saisir.

Le travail littéraire doit être ce qui libère le désir de l'homme.

DANS LA MÊME COLLECTION
(par ordre alphabétique)

- **Anonyme**, *La Farce de Maître Pathelin*
- **Anouilh**, *Antigone*
- **Aragon**, *Aurélien*
- **Austen**, *Raison et Sentiments*
- **Balzac**, *Illusions perdues*
- **Balzac**, *La Cousine Bette*
- **Balzac**, *La Femme de trente ans*
- **Balzac**, *Le Colonel Chabert*
- **Balzac**, *Le Lys dans la vallée*
- **Barbey d'Aurevilly**, *L'Ensorcelée*
- **Barbey d'Aurevilly**, *Les Diaboliques*
- **Bataille**, *Ma mère*
- **Baudelaire**, *Les Fleurs du Mal*
- **Baudelaire**, *Petits poèmes en prose*
- **Beaumarchais**, *Le Barbier de Séville*
- **Beaumarchais**, *Le Mariage de Figaro*
- **Beauvoir**, *Mémoires d'une jeune fille rangée*
- **Beckett**, *En attendant Godot*
- **Beckett**, *Fin de partie*
- **Brecht**, *La Noce*
- **Brecht**, *La Résistible ascension d'Arturo Ui*
- **Brecht**, *Mère Courage et ses enfants*
- **Breton**, *Nadja*
- **Brontë**, *Jane Eyre*
- **Camus**, *L'Étranger*
- **Carroll**, *Alice au pays des merveilles*
- **Céline**, *Mort à crédit*
- **Céline**, *Voyage au bout de la nuit*

- **Chateaubriand**, *Atala*
- **Chateaubriand**, *René*
- **Chrétien de Troyes**, *Perceval*
- **Cocteau**, *La Machine infernale*
- **Cocteau**, *Les Enfants terribles*
- **Colette**, *Le Blé en herbe*
- **Corneille**, *Le Cid*
- **Crébillon fils**, *Les Égarements du cœur et de l'esprit*
- **Defoe**, *Robinson Crusoé*
- **Dickens**, *Oliver Twist*
- **Du Bellay**, *Les Regrets*
- **Dumas**, *Henri III et sa cour*
- **Duras**, *L'Amant*
- **Duras**, *La Pluie d'été*
- **Duras**, *Un barrage contre le Pacifique*
- **Flaubert**, *Bouvard et Pécuchet*
- **Flaubert**, *L'Éducation sentimentale*
- **Flaubert**, *Madame Bovary*
- **Flaubert**, *Salammbô*
- **Gary**, *La Vie devant soi*
- **Giraudoux**, *Électre*
- **Giraudoux**, *La Guerre de Troie n'aura pas lieu*
- **Gogol**, *Le Mariage*
- **Homère**, *L'Odyssée*
- **Hugo**, *Hernani*
- **Hugo**, *Les Châtiments*
- **Hugo**, *Les Contemplations*
- **Hugo**, *Les Misérables*
- **Hugo**, *Ruy Blas*
- **Huxley**, *Le Meilleur des mondes*
- **Jaccottet**, *À la lumière d'hiver*
- **James**, *Une vie à Londres*
- **Jarry**, *Ubu roi*

- **Kafka**, *La Métamorphose*
- **Kerouac**, *Sur la route*
- **Kessel**, *Le Lion*
- **La Fayette**, *La Princesse de Clèves*
- **Le Clézio**, *Mondo et autres histoires*
- **Levi**, *Si c'est un homme*
- **London**, *Croc-Blanc*
- **London**, *L'Appel de la forêt*
- **Maupassant**, *Boule de suif*
- **Maupassant**, *Le Horla*
- **Maupassant**, *Une vie*
- **Molière**, *Amphitryon*
- **Molière**, *Dom Juan*
- **Molière**, *L'Avare*
- **Molière**, *Le Malade imaginaire*
- **Molière**, *Le Tartuffe*
- **Molière**, *Les Fourberies de Scapin*
- **Musset**, *Les Caprices de Marianne*
- **Musset**, *Lorenzaccio*
- **Musset**, *On ne badine pas avec l'amour*
- **Perec**, *La Disparition*
- **Perec**, *Les Choses*
- **Perrault**, *Contes*
- **Prévert**, *Paroles*
- **Prévost**, *Manon Lescaut*
- **Proust**, *À l'ombre des jeunes filles en fleurs*
- **Proust**, *Albertine disparue*
- **Proust**, *Du côté de chez Swann*
- **Proust**, *Le Côté de Guermantes*
- **Proust**, *Le Temps retrouvé*
- **Proust**, *Sodome et Gomorrhe*
- **Proust**, *Un amour de Swann*
- **Queneau**, *Exercices de style*

- **Quignard**, *Tous les matins du monde*
- **Rabelais**, *Gargantua*
- **Rabelais**, *Pantagruel*
- **Racine**, *Andromaque*
- **Racine**, *Bérénice*
- **Racine**, *Britannicus*
- **Racine**, *Phèdre*
- **Renard**, *Poil de carotte*
- **Rimbaud**, *Une saison en enfer*
- **Sagan**, *Bonjour tristesse*
- **Saint-Exupéry**, *Le Petit Prince*
- **Sarraute**, *Enfance*
- **Sarraute**, *Tropismes*
- **Sartre**, *Huis clos*
- **Sartre**, *La Nausée*
- **Senghor**, *La Belle histoire de Leuk-le-lièvre*
- **Shakespeare**, *Roméo et Juliette*
- **Steinbeck**, *Les Raisins de la colère*
- **Stendhal**, *La Chartreuse de Parme*
- **Stendhal**, *Le Rouge et le Noir*
- **Verlaine**, *Romances sans paroles*
- **Verne**, *Une ville flottante*
- **Verne**, *Voyage au centre de la Terre*
- **Vian**, *J'irai cracher sur vos tombes*
- **Vian**, *L'Arrache-cœur*
- **Vian**, *L'Écume des jours*
- **Voltaire**, *Candide*
- **Voltaire**, *Micromégas*
- **Zola**, *Au Bonheur des Dames*
- **Zola**, *Germinal*
- **Zola**, *L'Argent*
- **Zola**, *L'Assommoir*
- **Zola**, *La Bête humaine*